まるわかり！
パラリンピック

パラリンピックってなんだろう？

監修 公益財団法人 日本障がい者スポーツ協会

はじめに

　みなさんは、「パラリンピック」を知っていますか。パラリンピックは4年に一度、オリンピックと同じ年に、オリンピックと同じ都市でおこなわれる障がい者スポーツの国際大会です。パラリンピックということばには、「もうひとつのオリンピック」という意味がこめられています。

　パラリンピックに出場するのは、障がいのあるトップアスリートたちです。目が見えにくい、自分の足で歩くことが難しい、手足を切断しているなど、障がいの種類や程度はひとりひとりちがいますが、用具やルールをくふうして公平に競い合います。

　第1回パラリンピックは、今から50年以上前の1960年に開催されました。当時は、車いすの選手に限定された大会でしたが、その後、そのほかの障がいの選手も出場が認められるようになり、競技も多様化していきました。また、競技全体のレベルも年々レベルアップしてきています。

　『まるわかり！パラリンピック』では、パラリンピックのあゆみや選手たちの活躍、各競技のルールや競技に使われる用具などについて、くわしくまとめてあります。また、選手・スタッフ11名のものがたりも掲載しています。
「世界で活躍している日本人選手がこんなにたくさんいるんだ」
「選手たちの持っている能力を活かした、こんな迫力ある競技があるんだ」
　このシリーズを読んではじめて知ることがたくさんあると思います。
　本を読み終えたら、ぜひ、実際の競技を見てみてください。選手たちが限界をこえる瞬間に立ち会ってみてください。障がい者スポーツの大会は全国各地でおこなわれています。また、インターネットに動画が公開されている競技もあります。そして、4年に一度、パラリンピックの開催年になったら、自分の目でパラリンピックを見てみてください。そこには、みなさんの期待以上に楽しくて感動的な世界が広がっているはずです。

公益財団法人　日本障がい者スポーツ協会

まるわかり！パラリンピック
パラリンピックってなんだろう？

はじめに ……… 2

身体の限界にいどむ「パラリンピック」……… 6

パラリンピックのはじまり ……… 8

パラリンピックスポーツの特徴 ……… 12

パラリンピックの競技 ……… 16

もっと知りたい！
競技の数はこれからも増えていく!? ……… 25

パラリンピックの開会式 ……… 26

パラリンピックの開催地 ……… 28

もっと知りたい！
日本で開かれた冬季パラリンピック ……… 31

パラリンピックの記録 ………… 32

もっと知りたい！
パラリンピックのメダルには点字が入っている？ ………… 36

パラリンピックに出場するには ………… 38

パラリンピックを支える人びと ………… 40

もっと知りたい！
選手村ってどんなところ？ ………… 42

パラリンピックが目指す社会 ………… 44

さくいん ………… 46

この本の使い方

　パラリンピック（Paralympic）は、4年に一度、オリンピックの終了後にオリンピックの開催都市でおこなわれる、「もうひとつの（Parallel）オリンピック（Olympic）」です。パラリンピックに出場できるのは、厳しい条件をクリアしたトップクラスの選手だけです。
　この本では、パラリンピックについて理解を深めるために、パラリンピックの歴史や競技、記録などについて、わかりやすく解説しています。

- 本文中で（○ページ参照）と書かれたことがらについては、その先のページでよりくわしく説明しています。
- この本で取り上げている情報は、2014年9月現在のものです。
- 調べたいことがらの掲載ページがわからなかったり、気になることがらがあったら、巻末のさくいんを引いてみましょう。さくいんは、50音順にならんでいます。
- 各競技名は、基本的に日本パラリンピック委員会の定める公式の表記にそろえています。

Paralympic Games

身体の限界にいどむ「パラリンピック」

ポイント！ パラリンピック（Paralympic）は、「もうひとつの（Parallel）オリンピック（Olympic）」に由来することばで、4年に一度、オリンピックと同じ年、同じ都市で開催されます。

パラリンピックスポーツを支える考え方

「失われたものを数えるな、残された機能を最大限に活かせ」

パラリンピックに出場するのは、障がいのある選手たちです。立って歩くことができない選手、四肢の切断や関節などに障がいのある選手、目の見えない選手、知的障害のある選手。みんな、世界トップクラスのスポーツ選手です。障がいがあっても、スポーツを楽しみ、高い目標を持ってトレーニングを積み、出場権を得るための厳しい予選を勝ちぬいて、パラリンピックに出場します。

どこまで速く走れるか、泳げるかなど、身体能力の可能性を広げ、より高いレベルを目指しているスポーツ選手は、オリンピック選手だけではありません。例えば、パラリンピック種目の車いすマラソンの世界記録は、オリンピックに出場するマラソン選手の世界記録よりも、ずっと速いのです。

できることを活かし、新たなチャレンジをくり返すパラリンピックの選手たちは、いつもそれまで限界と思われていた壁を破り、次の限界に挑戦しています。

▼2012年のロンドンパラリンピック（第14回夏季大会）の開会式。

トップアスリートだけが出場できる

　パラリンピックに出場するのは、国内の試合や国際大会でよい結果を出し、その国の代表に選ばれた選手たちです。

　陸上競技や水泳など、記録を競う個人の競技には、パラリンピックの出場条件として定められた「標準記録」があり、それを突破しなければ出場することはできません。アーチェリーや車いすテニスのように、国際大会などで結果を残した、世界ランキング上位の選手が出場権を得る競技もあります。

　団体競技の場合は、大会や競技ごとに出場できる国の数が決まっています。例えば、2014年のソチパラリンピック（第11回冬季大会）では、アイススレッジホッケーの出場国は8か国、車いすカーリングの出場国は10か国でした。代表チームは、世界選手権や予選大会などで、パラリンピックに出場できる結果を残さなくてはなりません。

さまざまな障がい者スポーツ

　スポーツは、体を動かす楽しみや健康、仲間とのきずな、目標を達成したときの喜びなど、さまざまなものを与えてくれます。

　体育の授業や習いごと、友だちとの遊びのなかでなど、スポーツにふれる機会は人それぞれです。みなさんのなかには、将来、プロのスポーツ選手になりたい、オリンピックに出たいと思っている人もいるでしょう。

　障がいのある人たちも同じようにスポーツにふれ、楽しんでいます。身体の機能を取りもどすためのリハビリテーションとしてスポーツをする人、体をきたえるためにスポーツをする人、仲間と楽しむためにスポーツをする人、そして、選手としてトレーニングを積み、国内の試合や国際大会に出場し、世界最高峰の大会であるパラリンピックを目指す人たちがいます。

▲ソチパラリンピックに出場した、アルペンスキーの日本代表選手とスタッフ。悪天候のなか、12名の選手が奮闘し、5個のメダルを獲得した。

パラリンピックのシンボルマーク「スリー・アギトス」

　世界の国旗にもっとも多く使われている色として赤・青・緑の三色が使われています。また、三つの曲線は「動き」を象徴したもので、世界中の選手がパラリンピックの舞台に集まることを意味しています。このマークは、選手たちがスポーツを通して世界の人びとを感動させていること、パラリンピックにかかわるすべての人たちが、いつも前進しあきらめないことを表現しています。

パラリンピックのはじまり

ポイント！ パラリンピックの原点は1948年にイギリスでおこなわれたアーチェリー大会です。その後、多くの人びとの協力によって世界最高峰の大会へと発展していきました。

はじまりはアーチェリー大会

1948年7月29日、イギリスのロンドンで夏季オリンピックの開会式がおこなわれました。その日、同じイギリスのストーク・マンデビル病院では、入院中の車いす患者によるアーチェリー大会がおこなわれていました。これが、パラリンピックのもとになった大会です。

アーチェリー大会を開いたのは、ストーク・マンデビル病院の医師ルードウィッヒ・グットマン博士です。グットマン博士は、車いす患者の治療にスポーツを取り入れました。ボールをパンチで打ち合うパンチボール、車いすを使ったバスケットボールや卓球、アーチェリーなどを試していくうちに、スポーツが患者の体力づくりや精神的な助けになっていることに気づいたのです。

ロンドンオリンピックの開会式と同じ日におこなわれた最初のアーチェリー大会には、男子14名、女子2名の患者が参加しました。そのときグットマン博士は、「将来、この大会が国をこえ、障がいのある選手のためのオリンピックとなるように」と、障がいのある人たちのスポーツが世界に広がる未来を語りました。グットマン博士のこの願いが、パラリンピックへとつながっていったのです。

▲ルードウィッヒ・グットマン博士。ストーク・マンデビル病院では、おもに戦争で負傷した兵士の治療がおこなわれた。スポーツを取り入れた治療法は、身体的にも精神的にも傷ついた兵士たちの助けとなった。

▲1966年に開かれた第15回国際ストーク・マンデビル大会のようす。

国際大会からパラリンピックへ

　グットマン博士がはじめたアーチェリー大会は、その後も毎年7月に開催されるようになりました。1952年には、はじめてイギリス以外の国・オランダのチームが参加し、国際大会へと発展。これが「第1回国際ストーク・マンデビル大会」となります。

　1960年には、イギリス、オランダ、ベルギー、イタリア、フランスの5か国が協力して、「国際ストーク・マンデビル大会委員会」を設立。委員会は「4年に一度、オリンピックが開催される年には、オリンピックの開催国でオリンピック終了後に大会を開催したい」と表明し、その年、イタリアのローマでは夏季オリンピックと国際ストーク・マンデビル大会がおこなわれました。17の国から138名の選手が参加したこの国際ストーク・マンデビル大会が、現在では「第1回パラリンピック」とされています。

東京で開かれた第2回パラリンピック

　第2回パラリンピックは、4年後の1964年に東京でおこなわれました。

　東京オリンピックの直後に、2部構成による「国際身体障害者スポーツ大会」が開催され、その第1部が車いすの選手たちが参加する国際ストーク・マンデビル大会だったのです。第2部として、国内の選手を中心に、さまざまな身体障がいのある人びとが参加する大会もおこなわれました。

▲東京で開催された第2回パラリンピックの開会式のようす（1964年）。19の国・地域から238名の選手が集まった。日本から53名の選手が参加した。

第2回パラリンピックの開催に力をつくした日本人

　九州大学医学部でリハビリテーションの研究をしていた中村裕博士は、1960年にイギリスをおとずれ、グットマン博士のもとで学びました。日本にもどると、車いす患者の治療にスポーツを取り入れる活動をはじめ、東京でパラリンピックを開くために、大きな役割を果たしました。

　1981年には、世界初の車いすマラソン大会「大分国際車いすマラソン大会」の開催を実現。この大会は現在も続き、世界中からトップレベルの選手が集まり、記録を競い合っています。

▲グットマン博士（左）と中村裕博士（右）。

▲アルペンスキー、クロスカントリースキーの2競技からはじまった冬季パラリンピック。最初は手足を切断した選手や視覚障がいの選手による競技が中心だった。

第1回冬季パラリンピックの開催

1976年、カナダのモントリオールで冬季オリンピックが開かれたあと、同じカナダのトロントで、障がい者スポーツの国際大会が開かれました。国際ストーク・マンデビル大会は車いすの選手だけに出場が限られていましたが、この大会は、そのほかの障がいのある選手も出場が認められ、大会名も「トロントリンピアード」と呼ばれました。これが第5回パラリンピックとされています。

同じ年、スウェーデンのエンシェルツヴィークで最初の冬季大会「国際身体障害者冬季競技大会」も開かれました。この大会では、アルペンスキー、クロスカントリースキーの競技がおこなわれ、16の国から198名の選手が集まりました。この大会が、現在では第1回冬季パラリンピックとされています。

大会名が「パラリンピック」に

1985年、国際オリンピック委員会（IOC）は、オリンピックと同じ年に開催される障がい者スポーツの国際大会を「パラリンピック」と呼ぶことを認めました。それまで「国際ストーク・マンデビル大会」「国際身体障害者冬季競技大会」などの名称で開催されてきた大会が、「パラリンピック」と呼ばれることになったのです。

3年後の1988年、韓国でソウルパラリンピックがおこなわれ、このときはじめて、大会の正式名称として「パラリンピック」ということばが使われるようになりました。実は、1964年の東京大会のときにもパラリンピックということばが使われましたが、大会の正式名称ではありませんでした※。60の国・地域から約3000名の選手が出場したソウルパラリンピックは、はじめてオリンピックと同

▲2000年、オーストラリアでおこなわれたシドニーパラリンピック（第11回夏季大会）の陸上競技。この大会の期間中に、IOCとIPCの協力に向けての話し合いがはじまった。

じ会場で競技がおこなわれました。

その後、1989年には国際パラリンピック委員会（IPC）が創設され、パラリンピックは世界最高峰の障がい者スポーツ大会へと発展していきました。2001年には、IOCとIPCが協力を約束し、2008年からはオリンピックを開催した国は、続けてパラリンピックを開催すること、同じ会場や選手村を使うことなどが決められました。パラリンピックは文字通り「もうひとつのオリンピック」になったのです。

※ パラリンピックという名称は、東京で開かれた第2回パラリンピックではじめて使用されました。当時は、車いすの選手による大会であったため、英語で下半身のまひを意味する「Paraplegia」と「オリンピック（Olympic）」を組み合わせた用語として「パラリンピック（Paralympic）」と名づけられました。その後、車いす以外にもさまざまな障がいの選手が出場するようになり、「もうひとつの（Parallel）オリンピック（Olympic）」という解釈に変更されました。

パラリンピックのあゆみ

1948年 イギリス・ロンドンのストーク・マンデビル病院で、車いす患者によるアーチェリー大会が開催される。

1952年 イギリス、オランダの参加を得て第1回国際ストーク・マンデビル大会を開催する。

1960年 ヨーロッパの5か国が参加して国際ストーク・マンデビル大会委員会を設立。

イタリア・ローマで第9回国際ストーク・マンデビル大会（第1回パラリンピック）が開催される。

1964年 東京で国際身体障害者スポーツ大会（第2回パラリンピック）が開催される。

1968年 イスラエル・テルアビブで第17回国際ストーク・マンデビル大会（第3回パラリンピック）が開催される。

1972年 旧西ドイツ・ハイデルベルグで第21回国際ストーク・マンデビル大会（第4回パラリンピック）が開催される。

1976年 カナダ・トロントでトロントリンピアード（第5回パラリンピック）が開催される。この大会から切断の選手、視覚障がいの選手の出場が認められる。

スウェーデン・エンシェルツヴィークで第1回国際身体障害者冬季競技大会（第1回冬季パラリンピック）が開催される。

1980年 オランダ・アーネムで「Olympic for the Disabled」（第6回パラリンピック）という名称で障がい者スポーツの国際大会が開催される。脳性まひの選手の出場が認められる。

1984年 アメリカ・ニューヨーク、イギリス・エイルズベリーで「第7回国際身体障害者スポーツ大会」（第7回パラリンピック）という名称で障がい者スポーツの国際大会が開催される。

1988年 韓国でソウルパラリンピックが開催される。大会の正式名称として「パラリンピック」ということばが使われるようになる。

1989年 IPCが創設される。

2001年 IOCとIPCが協力を約束する。

Paralympic Games

パラリンピックスポーツの特徴

ポイント！ パラリンピックスポーツでは、障がいのある選手たちが「できること」を最大限に活かせるよう、用具やルールがくふうされています。さまざまな障がいのある選手が、公平に競い合うための決まりもあります。

● 用具・ルールをくふうする

「できないこと」「けがをする可能性があること」は、くふうで解決

障がいのある人びとがスポーツに取り組む場合、障がいの種類や程度によって「できないこと」や「けがをする可能性があること」があります。そのため、パラリンピックスポーツでは、ルールの一部変更や、用具の使用を認めるなどのくふうがなされています。

例えば視覚障がいの選手の場合は、声をかけたり体にふれたりしてコースを教える「ガイド」や「コーラー」と呼ばれる人たちといっしょに競技に参加することが認められています。こうしたくふうにより、パラリンピックの理念である「残された機能を最大限に活かす」ことを実現しているのです。

▼視覚障がいがある選手をサポートするために伴走する「ガイド」。

用具のくふうでパフォーマンスを高める

　同じ車いすを使うスポーツでも、バスケットボール、テニス、陸上競技など、競技によってそれぞれ専用の車いすがあります。競技の特徴に合わせ、よりよいパフォーマンスができるようにくふうされているからです。アルペンスキー、クロスカントリースキーの場合も、スキーのかたちやつくりはちがいます。手足を切断した選手が使う義手や義足も、陸上用、自転車用、卓球用など、競技に合わせてつくられています。

さまざまな競技用車いす

陸上競技用

車輪が3つあり、軽くてスピードが出やすい。世界トップレベルの選手は、時速40キロメートル以上のスピードで走る。

車いすテニス用

急発進やすばやいターンに対応できるよう、車輪がハの字形に取りつけられ、重心が前のほうに置かれたつくりとなっている。

車椅子バスケットボール用

高速で動きまわり、車いすどうしが接触することもめずらしくないため、「バンパー」という保護装置がついている。

──バンパー

ウィルチェアーラグビー用

はげしいぶつかり合いに耐えられるよう、頑丈につくられている。攻めの役割をする選手と守りの役割をする選手で、車いすのかたちが異なる。

さまざまな障がいの人が参加できるルールにする

　水泳では、視覚障がいの選手に壁が近づいていることを知らせる「タッピング」というルールがあります。また、障がいによってスタートの飛びこみができない選手は、水中からスタートできるというルールもあります。
　ボッチャ（17ページ参照）では、自分でボールを投げることができない選手は「ランプ」という道具が使えます。卓球や車いすテニスでは、手でボールをトスすることができない選手は、コートにバウンドさせたり、足でトスをしたりしてサーブをします。こうしたルールのくふうで、障がいの種類や程度がちがっても、それぞれのルールで試合に出場することができます。

タッピングバー
棒で選手にふれ、壁が近いことを知らせる「タッピング」。壁にぶつかるなど、けがの危険性をなくすためのルール。

ランプ
ボッチャの試合で使われる。スロープの上にボールを置き、転がして投げる。

公平に競い合うためのしくみ

障がいの種類や程度でクラスを分ける

障がいのある選手、といってもその障がいは人によってさまざまです。腕や脚に障がいがある、視覚障がいがあるなど、障がいの部位や種類がちがったり、同じ種類の障がいでもその程度（重さ）がちがったりします。

障がいの種類や程度のちがう選手がいっしょに競った場合、選手の力だけでなく、障がいによって有利、不利が生じてしまう可能性があります。そこで、パラリンピックでは、競技ごとに、障がいの種類や程度でクラス（グループ）を分け、公平な条件で、競技をおこなうようにしています。

さまざまな障がいの選手

車いすの選手

切断の義足選手

視覚障がいの選手

障がいの程度がちがう選手が公平に競うための「計算タイム制」

冬季パラリンピックのアルペンスキーやクロスカントリースキーなどの競技は、「用具にすわってすべるクラス」「切断などの障がいで立ってすべるクラス」「視覚障がいのクラス」に分かれて競技をおこないますが、同じ障がいでも、障がいが重い選手や、比較的軽い選手がいます。そこで選手ごとに「係数」を決め、実際のタイムにその係数をかけてタイムを計算、その「計算タイム」で順位を決める方法をとっています。

計算タイム制の方法

1 選手の係数を決める
障害の程度が軽いほど係数は大きくなる（最大100パーセント）。

重 ←―― 障がいの程度 ――→ 軽

小 ←―――― 係数 ――――→ 大

2 計算タイムを算出する
実際のタイムに係数をかけ合わせる。（図の場合だと、A選手よりB選手のほうが障がいの程度が重い）

選手	実際のタイム	係数	計算タイム
A	61秒 ×	100% =	61秒
B	75秒 ×	80% =	60秒

障がいの程度がちがう選手たちが同じチームでたたかう「ポイント制度」

車椅子バスケットボールや、ウィルチェアーラグビーなどの団体競技では、個人ではなく、チームとチームが公平に競える条件が必要です。また、障がいの軽い選手と障がいの重い選手がいっしょに試合に出られるようなしくみづくりをしています。

「ポイント制度」は、選手の障がいの程度を「持ち点」という点数に置きかえる方法です。

障がいの軽い選手ほど点数が高く、重い選手ほど点数が低くなります。例えば車椅子バスケットボールなら、一番障がいの軽い選手の持ち点は4.5点、一番重い選手は1.0点です。そのうえで、一度に試合に出られる選手の合計点の最大を決めます。車椅子バスケットボールなら、1チーム5人で14点までです。

こうした制度を設けることで、さまざまな障がいの程度の選手が出場でき、チーム同士が公平に競えるようにしています。

ポイント制度の方法

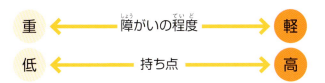

▶車椅子バスケットボールでは、上半身を自由に動かしてプレイする選手、シートにもたれてプレイする選手など、障がいの程度のちがう選手が、チームを組んで出場する。

競技の特性によるくふう

ボッチャやローイングなどは、ペアやチームも個人と同じように、障がいの種類や程度でクラス分けされていて、そのクラス内で競います。

脳性まひ者7人制サッカーでは、選手ひとりひとりがクラス分けされていて、一番障がいの重いクラスの選手が1人は出場すること、一番軽いクラスの選手は一度に2人までなどの決まりがあります。

視覚障がい者5人制サッカーやゴールボールは、選手が目かくし（アイマスク・アイシェード）をつけることで、障がいの程度にかかわらず、公平に競えるようにしています。

▲視覚障がいの選手が参加するゴールボールでは、全員がアイシェードという目かくしをつけることで、条件を公平にしている。

パラリンピックの競技

ポイント！ 夏季パラリンピックでは20競技、冬季パラリンピックでは5競技の試合がおこなわれます※1。陸上競技、水泳、スキーなどの個人競技※2、車椅子バスケットボール、アイススレッジホッケーなどの団体競技があります。

アーチェリー

夏季大会／個人競技

的をねらって弓を放ち、当たった場所によって得られる得点で勝敗を競います。競技は車いすを使う選手、立って弓を射る選手のクラスに分かれておこないます。1対1で勝負する個人戦と3人1組でたたかう団体戦があります※3。

使う弓の種類によって、「リカーブ」「コンパウンド」という2種目があります。

▲車いすを使う選手は、手や腕などに障がいのある選手、ない選手のクラスに分かれて競技をおこなう。

陸上競技

夏季大会／個人競技／団体競技

100メートル競走や走り高跳び、砲丸投げ、マラソンなどがあります。基本的なルールは一般の競技と同じですが、障がいの程度に合わせて、一部ルールを変更しています。

車いすを使う選手、義足を使う選手、視覚障がいの選手など、さまざまな選手が参加するため、障がいの種類や程度などでクラスを分けて、競技をおこないます。

車いすの選手は、「レーサー」と呼ばれる競技用車いすを使い、脚を切断している選手は、競技用の義足をつけて競技に参加します。視覚障がいの選手は、「ガイド」（伴走者）と呼ばれる人が選手といっしょに走り、ゴールまでのコースを知らせます。

▶切断のクラスの選手の走り幅跳び。競技用の義足をつけている。

▼車いすの選手のトラック競技。競技用車いすを使い、すごいスピードで走る。

※1　2012年のロンドンパラリンピック、2014年のソチパラリンピックの競技数です。
※2　個人競技…3人1組の団体戦や2人1組のダブルス、リレーなど、複数の選手でたたかう形式の種目もふくまれます。
※3　団体戦…アーチェリーの場合、3人1組で、1人ずつ順番に弓を射ち、その合計点で勝敗を競います。

 ## ボッチャ

夏季大会　個人競技　団体競技

「ジャック」と呼ばれる白いボールに向かって、赤と青のボールを交互に投げ、どれだけジャックに近づけられるかを競う競技です。1対1の個人戦、2人でたたかうペア、3人1組の団体戦があります。

ボールを手で投げることができない選手は、足でけったり、「ランプ（13ページ参照）」という小さなすべり台のような用具を使います。

▲おもに障がいの重い脳性まひの選手が参加しておこなわれるボッチャ。

 ## 自転車

夏季大会　個人競技　団体競技

「バンク」という傾斜のある周回走路でおこなう種目、一般の道路を使う種目があります。一般の競技用自転車のほか、バランスをとることがむずかしい選手が使う三輪自転車、視覚障がいの選手が、パイロット（前部に乗る人）といっしょに乗る「タンデム（2人乗り）」、脚に障がいのある選手が腕で動かす「ハンドサイクル」など、自転車の種類はさまざまです。

▲視覚障がいの選手がうしろに乗るタンデム（2人乗り）。

 ## 馬術

夏季大会　個人競技　団体競技

人と馬とが一体になって演技し、その正確さと芸術性を競います。決められた演技をおこなう「チャンピオンシップ」、自分で選んだ曲に合わせて演技する「フリースタイル」の2種目があります。

競技は、障がいの程度によってに5つのクラス（グレード）に分かれておこないます。パラリンピックでは、同じグレードの中では男女を分けず、いっしょに競技をします。

▼男性・女性がいっしょに競い合う馬術競技。

視覚障がい者5人制サッカー

夏季大会　個人競技　団体競技

　視覚障がいの選手が参加するサッカーです。1チーム5人で、前半・後半各25分でたたかいます。
　ゴールキーパーは障がいがない、または軽い選手で、アイマスクをせず、味方に声をかけて指示を出します。ほかの4人は全員アイマスクをつけてプレーします。このほか、コーチ、コーラーと呼ばれる2人が、声で選手をサポートします。鈴の入った音が出るボールを使います。

▲ボールを持った相手に向かっていくときは、「ボイ！（スペイン語で「行く！」の意味）」と声をかける。この声を出さないとファウルになる。

 ## 脳性まひ者7人制サッカー

夏季大会　個人競技　団体競技

　脳性まひの選手が参加するサッカーです。1チーム7人で、前半・後半各30分でたたかいます。
　国際サッカー連盟（FIFA）が決めた11人制サッカーのルールでおこなわれますが、フィールドやゴールが小さい、オフサイドのルールがない、片手でスローインをしてもよいなど、一部が変更されています。障がいの程度によってクラス分けされ、クラスによって出場できる人数などが決められています。

▲ハーフタイム15分、交代選手は3人までなどのルールも11人制のサッカーと同じ。

 ## ゴールボール

夏季大会　個人競技　団体競技

　視覚障がいの選手が、3人1チームで、アイシェードという目かくしをしてたたかいます。
　攻撃側は、相手ゴールにむかって、鈴の入ったボール（重さ1.25キログラム）を投げます。守備側は、ボールの音をたよりに、3人で体全体を使ってゴールを守ります。ボールがゴールに入れば、攻撃側に1点与えられ、守備側がゴールを守ることができれば、次は攻撃のチャンスです。前半・後半各12分で、得点を競います。

▲幅9メートル、高さ1.3メートルのゴールを3人全員で、力を合わせて守る。

柔道

視覚障がいの選手が参加する柔道です。体重別に男子7階級、女子6階級に分かれています。

ルールは「国際柔道連盟試合審判規定」などにより、一般のルールとほとんど同じです。

ただし相手の位置を知るため、試合のはじめは、たがいに道着をつかんで組み合います。試合中に選手が離れた場合も、審判が声をかけ、試合開始の位置にもどって同じように再開します

▲視覚障がいの選手も、一般の選手と同じように、柔道の段位をとることができる。

 ## パワーリフティング

脚に障がいのある選手が参加し、ベンチプレスで競技がおこなわれます。平らなベンチプレス台の上にあお向けになり、バーベルを持ち上げる競技です。まず、バーベルを持った状態で一度止まり、審判の合図で、バーベルを胸まで下げてからもう一度おし上げます。

男女とも、体重別に10階級に分かれていて、持ち上げた重さを競います。

▲延長されたベンチプレス台に、足を乗せた状態でバーベルを持ち上げる（一般の競技では足をゆかにつける）。

ローイング

肢体不自由（身体の一部にまひがあったり、身体のバランスをとることがむずかしい）の選手と、視覚障がいの選手が参加します。

4人のこぎ手と1人のコックス（指示を出す人）で1チームの「コックス・フォア」、2人1組の「ダブル・スカル」、1人でこぐ「シングル・スカル」の3種目で、障がいの程度によって3つのクラスに分かれます。シングル・スカル以外は男女いっしょのチームでたたかいます。

▲1人でこぐシングル・スカル。競技は1000メートルの直線コースでおこなわれる。

セーリング

 夏季大会 個人競技 団体競技

スタートラインからゴールまで、決められたコースを通ってヨットを進め、その速さを競います。種目は、1人乗り、2人乗り、3人乗りがあります。

車いすの選手、視覚障がいの選手など、さまざまな障がいの選手が参加するため、障がいの種類や程度によって、各選手にポイントが定められます。そのポイントによって、出場できる種目や、チームづくりが決まります。

▲レースは10回おこなわれ、その合計で順位を決める。

射撃

 夏季大会 個人競技 団体競技

ライフルやピストルを的にむかって撃ち、得点を競います。空気銃（エア）と火薬銃、的までの距離（50メートル、25メートル、10メートル）、撃ち方などで種目が分かれています。

撃ち方には、立って撃つ「立射」とうつ伏せで撃つ「伏射」があり、車いすの選手は、「立射」を車いすにすわった状態で、「伏射」をひじをテーブルについた状態で撃ちます。

▲混合種目では、男性・女性がいっしょに競う。

水泳

 夏季大会 個人競技 団体競技

参加する選手は、障がいの種類や程度によって、クラス分けされ、クラスごとに競技をおこないます。

視覚障がいの選手の場合、ターンやゴールのとき、壁にぶつかってしまう危険があるので、コーチがタッピングバー（13ページ参照）という棒を使って選手にふれ、壁が近いことを知らせます。飛びこんでスタートすることができない選手には、水中からのスタートが認められています。

▲自由形（クロール）、背泳ぎ、バタフライ、平泳ぎ、リレーの種目がある。

 ## 卓球

車いすの選手、脚に障がいのある選手など、障がいの種類や程度によってクラスが分かれ、個人戦では男子11、女子10、団体戦では男子6、女子3のクラスがあります。

ルールは一般の卓球競技とほぼ同じですが、サービスのとき、手でボールをトスすることができない選手は、一度自分のコートにボールを落としてサービスできるなど、一部が変更されています。

▲2012年のロンドンパラリンピックでは、陸上競技、水泳とともに、知的障がいのある選手の出場が認められた。

 ## シッティングバレーボール

すわってプレーする、6人制のバレーボールです。脚に障がいがある選手が参加します。

ボールは一般のバレーボールと同じですが、コートは少しせまく、ネットも低くなっています。サーブ、スパイク、ブロックのときは、おしりを床から離すことはできませんが、レシーブだけは、短い時間、床から離すことが認められています。1セット25点制で、先に3セット取ったチームの勝ちです。

▲すわった姿勢でプレーするので、ネットの高さは男子1.15メートル、女子1.05メートル。

 ## 車椅子バスケットボール

車いすに乗ってプレーするバスケットボールです。すばやく動け、回転しやすいバスケットボール専用の車いすが使われます。

1チーム5人、コートの広さ、ゴールの高さなどは一般のバスケットボールと同じですが、「ダブルドリブル」の反則など、一部のルールは、車いすでおこなうという特徴に合わせて変更されています。さまざまな障がいの選手がチームを組んで競える、「ポイント制度（15ページ参照）」があります。

▲車いすを自由に動かす技術も試合を左右する。

車いすフェンシング

「ピスト」と呼ばれる台を使って車いすを固定し、上半身だけを使っておこなうフェンシングです。ユニフォームや剣、マスクなどの用具やルールは一般のフェンシングと同じです。

種目には「フルーレ（胴体のみの突き）」「エペ（上半身の突き）」「サーベル（上半身の突きと斬り・男子のみの種目）」があり、それぞれ障がいの種類や程度によって、2つのクラスに分かれます。

▲選手の腕の長さに合わせて、車いすを固定しておこなう。

 ## ウィルチェアーラグビー

四肢に障がいのある選手が車いすに乗っておこなう競技です。1チーム4人で「ポイント制度（15ページ参照）」があります。コートはバスケットボールのコート、ボールはバレーボールに似たボールを使います。

パス、ドリブルなどでボールを運び、ゴールを目指します。10秒までなら、ひざにボールを乗せたまま車いすをこぐこともできます。ボールを持った選手が、相手のゴールラインをこえると点が入ります。

▲車いすを相手の車いすにぶつけたり、ひっかけたりするタックルが認められている、はく力のある競技。

 ## 車いすテニス

車いすに乗ってプレーするテニスです。ツーバウンドで打つことが認められている（一般のテニスではワンバウンドのみ）ほかは、コートの広さやネットの高さ、ルールも一般のテニスと同じです。

男女のシングルス、ダブルスのほか、男女混合の「クァードクラス」があります。クァードクラスは腕に重度の障がいのある選手が参加し、ラケットを手にテーピングで固定したり、電動車いすに乗ってプレーすることが認められています。

▼テニス競技に合わせた専用の車いすが使われている。

アルペンスキー

急な斜面をすべり下りる「滑降」や「スーパー大回転」、旗門を通過しながらすべる「大回転」「回転」などの種目があります。立ってすべる選手、チェアスキーという用具にすわってすべる選手、視覚障がいの選手のクラスに分かれます。

クラス内では、障がいの程度によって各選手に係数が決められ、「計算タイム（14ページ参照）」によって速さを競います。

▲チェアスキーの選手や、片足ですべる選手は、先に小さなスキー板のついた「アウトリガー」を使う。

クロスカントリースキー

上り坂、下り坂、平地がそれぞれ約3分の1になっているコースをすべり、「計算タイム」を競います。種目はすべり方によって「クラシカル」と「フリー」に、すべる距離で、スプリント（短距離）、10キロメートル、15キロメートルなどに分かれます。団体戦のリレーもあります。

立ってすべる選手、シットスキーという用具にすわってすべる選手、視覚障がいの選手のクラスに分かれます。

▲「クラシカル」は決められた2本のシュプール（雪の上の溝）の上をすべる。

バイアスロン

クロスカントリースキー（フリー）と射撃を組み合わせた競技です。一定の距離をすべったあと、射撃をし、またすべって射撃をします。射撃で的をはずすと、すべる距離が増えたり、タイムを加算されるペナルティがあり、ペナルティをふくめた「計算タイム」で勝敗を決めます。

視覚障がいの選手は、射撃に音が出るビームライフルを使い、すべるときは、「ガイド」と呼ばれるスキーヤーといっしょにすべります。

▼射撃は確実に的をねらう。

アイススレッジホッケー 冬季大会 個人競技 団体競技

スレッジと呼ばれる専用のそりに乗っておこなうアイスホッケーです。「パック」という円盤を相手ゴールに入れれば得点になります。1チーム6人で、1ピリオド15分を3ピリオドたたかいます。

選手の持つスティックは、片側でパックを打ち、片側で氷をかいてそりを動かす用具です。2本のスティックをあやつり、自由にそりを動かしながら、パックを打ちます。はげしくぶつかり合うことも多く、「氷上の格闘技」とも呼ばれて、人気のあるスポーツです。

▼たくみにスティックを使い、はげしくパックをうばい合う。

 ## 車いすカーリング 冬季大会 個人競技 団体競技

車いすに乗っておこなうカーリングです。ハウスと呼ばれる円に向かってストーンをすべらせ、ストーンをハウスの中心にもっとも近づけたチームに得点が入ります。

基本的なルールは一般のカーリングと同じですが、助走せずにストーンを投げること、ブラシでスウィーピング（氷をこすってスピードを調整する）をしないこと、男女混合のチームでたたかうことなどが、車いすカーリングの特徴です。

▲車いすが動かないようにうしろからおさえ、キューと呼ばれる用具を使ってストーンを投げる。

もっと知りたい！ 競技の数はこれからも増えていく!?

第1回パラリンピックでおこなわれた競技は、8競技です。なかには、今ではおこなわれていない競技もあります。その後、大会が回数を重ね、いろいろな障がいのある選手が参加するようになり、競技数も増えていきました。2012年のロンドンパラリンピック（第14回夏季大会）では20競技になり、2016年にブラジルで開催されるリオパラリンピック（第15回夏季大会）では、22競技になる予定です。

第1回パラリンピックの競技

アーチェリー	陸上競技
車椅子バスケットボール	卓球
ダーチェリー※	水泳
車いすフェンシング	スヌーカー※

※アーチェリーに似た競技「ダーチェリー」とビリヤードの一種「スヌーカー」は現在はおこなわれていない。

◀2014年のソチパラリンピック（第11回冬季大会）からアルペンスキー競技の種目のひとつとして加わったスノーボードクロス。

スイム

▶2016年のリオパラリンピックからはじまるトライアスロン。写真は「2014年世界トライアスロンシリーズ横浜大会」のようす。この大会では、750メートルを泳ぐスイム、20キロメートルを自転車で走るバイク、5キロメートルを走るランの3種目で合計タイムを競った。リオパラリンピックでは、トライアスロンのほかにカヌーも競技に採用される。

バイク

ラン

パラリンピックの開会式

ポイント！ パラリンピックの開会式でも、オリンピックと同じように、開催国がくふうをこらして、さまざまなショーをくり広げます。また、聖火がともされ、各国の選手が入場行進をおこないます。

オリンピックの聖火とパラリンピックの聖火

　オリンピックの会場に聖火がともされるようになったのは1928年、オランダで開かれたアムステルダムオリンピックからです。1936年にドイツで開かれたベルリンオリンピックからは、古代オリンピックの地・ギリシャから、聖火がリレーで運ばれるようになりました。パラリンピックで聖火リレーがはじまったのは、大会の正式名称が「パラリンピック」に決まった、1988年のソウルパラリンピック（第8回夏季大会）からです。

　オリンピックの聖火は、ギリシャで太陽の光を金属の鏡に集めて火を起こし、その火を「採火」するように決められていますが、パラリンピックの聖火は、採火する場所や方法は開催国が決めてよいことになっています。

　1998年の長野パラリンピック（第7回冬季大会）では、1964年に東京パラリンピック（第2回夏季大会）の会場となった都立代々木公園陸上競技場で採火式をおこないました。

　2012年のロンドンパラリンピック（第14回夏季大会）では、国内4か所で鉄を使っておこした火を、パラリンピックの原点であるストーク・マンデビル病院に集めてひとつにまとめ、それを聖火にしました。

▼ソチパラリンピックの開会式のテーマは「氷を割って」。「平和」という名の砕氷船（氷をくだく船）が登場、氷（人びとのあいだの壁）を割り、その破片が「いっしょに」ということばになる、はなやかなショーがおこなわれた。

◀ロンドンパラリンピックの開会式では、聖火ランナーが空からおりてくる場面も。

▶ソチパラリンピックの開会式で入場する日本代表選手団。20名の選手が出場した。

はなやかなショーと入場行進

パラリンピックの開会式では、開催国が式のテーマを決め、音や光、映像、ダンス、歌、そのほかさまざまなパフォーマンスや演出を組み合わせたショーで、パラリンピックの開会を盛りあげます。

出場する選手たちは、国ごとに登場します。車いすの選手、視覚障がいの選手、そのほかの障がいのある選手も、みんな力強く行進し、観客の拍手や声援にこたえます。

次の開催地へと引き継がれる閉会式

すべての競技が終わると、閉会式がおこなわれ、パラリンピックを締めくくります。開会式と同じように、はなやかなパフォーマンスで式を盛りあげますが、最後に次の開催地を紹介する映像が流され、IPCの旗の引き継ぎがおこなわれます。

▲ソチパラリンピックの閉会式。国際パラリンピック委員会（IPC）の旗が、次の冬季パラリンピックの開催地である韓国・平昌の市長に手わたされた。

パラリンピックの開催地

ポイント！ 1960年にはじまった夏季パラリンピックは、2012年のロンドンパラリンピックで14回目をむかえました。2016年には南アメリカ大陸初のリオパラリンピックが開かれます。

オリンピックとパラリンピックの開催地

　第1回パラリンピックはイタリアのローマ、第2回は東京と、それぞれオリンピックを開催した都市でおこなわれましたが、その後、第7回まではオリンピックの開催地とは別の都市、または別の国で開かれました。

　特に第7回は、車いすの競技がイギリスのストーク・マンデビル病院（エイルズベリー）、そのほかの競技がアメリカのニューヨークでおこなわれました。第8回のソウルパラリンピックからは、再びオリンピックと同じ都市で開催されています。

●夏季パラリンピックの開催地

回数	年	開催地	参加国・地域	参加人数	競技数
第1回	1960年	ローマ（イタリア）	17か国	138名	8競技
第2回	1964年	東京（日本）	19か国・地域	238名	9競技
第3回	1968年	テルアビブ（イスラエル）	28か国・地域	782名	10競技
第4回	1972年	ハイデルベルグ（旧西ドイツ）	41か国・地域	926名	10競技
第5回	1976年	トロント（カナダ）	40か国・地域	1288名	13競技
第6回	1980年	アーネム（オランダ）	42か国・地域	1651名	13競技
第7回	1984年	ニューヨーク（アメリカ）／エイルズベリー（イギリス）	54か国・地域	2102名	18競技
第8回	1988年	ソウル（大韓民国）	60か国・地域	3061名	17競技
第9回	1992年	バルセロナ（スペイン）	83か国・地域	3001名	16競技
第10回	1996年	アトランタ（アメリカ）	104か国・地域	3259名	17競技
第11回	2000年	シドニー（オーストラリア）	122か国・地域	3881名	20競技
第12回	2004年	アテネ（ギリシャ）	135か国・地域	3808名	19競技
第13回	2008年	北京（中華人民共和国）	146か国・地域	4011名	20競技
第14回	2012年	ロンドン（イギリス）	164か国・地域	4302名	20競技
第15回	2016年	リオデジャネイロ（ブラジル）	未定	未定	22競技（予定）
第16回	2020年	東京（日本）	未定	未定	未定

▲北京パラリンピック（第13回夏季大会）の開会式、陸上競技などは、オリンピックのメイン会場となった北京国家体育場でおこなわれた。この会場は、外観が特徴的で「鳥の巣」と呼ばれた。

実施競技
アーチェリー　陸上競技　車椅子バスケットボール　車いすフェンシング　水泳　卓球　スヌーカー　ダーチェリー
新競技：パワーリフティング
新競技：ローンボウルズ
（デモンストレーション競技※：ゴールボール　射撃）
新競技：ゴールボール　射撃　スタンディングバレーボール
新競技：シッティングバレーボール　レスリング　中止：スヌーカー　ダーチェリー
新競技：ボッチャ　自転車　馬術　脳性まひ者7人制サッカー　再開：スヌーカー
新競技：柔道　中止：レスリング　馬術　（デモンストレーション競技※：車いすテニス）
新競技：車いすテニス　中止：スヌーカー　ローンボウルズ
再開：馬術　（デモンストレーション競技※：ウィルチェアーラグビー　セーリング）
新競技：ウィルチェアーラグビー　セーリング　知的障がい者バスケットボール
新競技：視覚障がい者5人制サッカー　中止：スタンディングバレーボール　知的障がい者バスケットボール
新競技：ローイング
新競技：カヌー　トライアスロン（予定）
バドミントンかテコンドーが新設される可能性がある

※デモンストレーション競技…次回パラリンピックから正式競技に加わる競技の披露。

パラリンピックに仲間入りした冬季大会

1976年、スウェーデンで開かれた第1回冬季パラリンピックには、切断の選手、視覚障がいの選手が出場しました。しかし、夏季パラリンピックの原点となったストーク・マンデビル大会（8ページ参照）との直接的なつながりはなく、オリンピックと同じ場所で開催するといったこともありませんでした。

その後、障がいのある選手のための競技別スポーツ団体や国を代表する組織が集まり、国際パラリンピック委員会（IPC）がつくられ、冬季大会も「パラリンピック」と呼ばれるようになりました。1994年のリレハンメルパラリンピック（第6回冬季大会）から、オリンピックと同じ場所で開かれています。

開催地は、スキーなどのウィンタースポーツがさかんなヨーロッパが中心でしたが、1998年にはアジア初の冬季パラリンピックが長野でおこなわれました。

●冬季パラリンピックの開催地

回数	年	開催地	参加国・地域	参加人数	競技数	実施競技
第1回	1976年	エンシェルツヴィーク（スウェーデン）	16か国	198名	2競技	アルペンスキー クロスカントリースキー
第2回	1980年	ヤイロ（ノルウェー）	18か国	299名	3競技	新競技：アイススレッジスピードレース
第3回	1984年	インスブルック（オーストリア）	21か国	419名	3競技	
第4回	1988年	インスブルック（オーストリア）	22か国	377名	4競技	新競技：バイアスロン
第5回	1992年	ティーニュ・アルベールビル（フランス）	24か国	365名	3競技	中止：アイススレッジスピードレース
第6回	1994年	リレハンメル（ノルウェー）	31か国	471名	5競技	新競技：アイススレッジホッケー 再開：アイススレッジスピードレース
第7回	1998年	長野（日本）	31か国・地域	562名	5競技	
第8回	2002年	ソルトレークシティ（アメリカ）	36か国・地域	416名	4競技	中止：アイススレッジスピードレース
第9回	2006年	トリノ（イタリア）	38か国・地域	474名	5競技	新競技：車いすカーリング
第10回	2010年	バンクーバー（カナダ）	44か国・地域	502名	5競技	
第11回	2014年	ソチ（ロシア）	45か国・地域	538名	5競技	
第12回	2018年	平昌（大韓民国）	未定	未定	未定	未定

もっと知りたい！日本で開かれた冬季パラリンピック

1998年3月5日〜14日にかけて、長野県でパラリンピックが開かれました。日本で冬季オリンピックが開かれたのは1972年の札幌オリンピックに続き2回目ですが、札幌オリンピックのときは、まだパラリンピックははじまっていませんでした。

長野パラリンピックは、ヨーロッパ以外の場所ではじめて開かれる冬季パラリンピックとして注目されました。多くの観客が集まり、また、日本人選手が大活躍したこともあって、日本国内でも「パラリンピック」ということばや、その競技が広く知られるようになりました。

▲クロスカントリー、バイアスロンは、オリンピックと同じ会場でおこなわれた。

▲アイススレッジスピードレースは、スケートの刃のついたそりに乗り、スティックでこいで進み、スピードを競う競技。長野パラリンピックでは、日本人選手が多くのメダルを獲得した。

▼▶長野パラリンピックの閉会式のようす。会場には、全国から集まった700万羽あまりの折り鶴が飾られている（写真左）。「村祭り」をテーマにした式典には獅子が登場し（写真右）、「喜びの舞」を舞って会場を盛りあげた。

パラリンピックの記録

ポイント！ パラリンピックに出場する選手たちは、競技を通じて身体の限界にいどんでいます。彼らは、パラリンピックの舞台ですばらしい記録を生み出しています。

パラリンピックへの連続出場

2012年、ロンドンパラリンピック（第14回夏季大会）の車いすテニスで優勝したオランダのエスター・バーガー選手は、2000年のシドニーパラリンピック（第11回夏季大会）からロンドンパラリンピックまで、4大会続けて女子シングルスの金メダリストになりました。女子卓球では、ポーランドのナタリア・パルティカ選手が2004年のアテネパラリンピック（第12回夏季大会）、2008年の北京パラリンピック（第13回夏季大会）、2012年のロンドンパラリンピックと3連覇中です。

冬季パラリンピックで「伝説」と呼ばれているのが、アルペンスキーのドイツ代表、ゲルト・シェーンフェルダー選手です。1992年のアルベールビルパラリンピック（第5回冬季大会）から2010年のバンクーバーパラリンピック（第10回冬季大会）まで、6大会連続で出場し、合計22個のメダルを獲得しています。

日本人選手では、水泳の河合純一選手が1992年のバルセロナパラリンピック（第9回夏季大会）から2012年のロンドンパラリンピックまで6大会連続出場、合計21個のメダルを獲得しています。

▲車いすテニスの「女王」、エスター・バーガー選手。パラリンピック4連覇に加え、そのあいだ、ほかの試合にもいっさい負けず、470連勝という記録ももっている。

▼2008年の北京パラリンピックにて、バタフライにいどむ河合純一選手。100メートルバタフライで銅メダル、50メートル自由形で銀メダルを獲得した。

夏季と冬季の両大会でメダルを獲得した選手

2012年、ロンドンパラリンピックの陸上競技に出場した土田和歌子選手は、2000年のシドニーパラリンピックから4大会連続で夏季パラリンピックに出場、さらに1994年のリレハンメルパラリンピック（第6回冬季大会）、1998年の長野パラリンピック（第7回冬季大会）のふたつの大会にも、アイススレッジスピードレースの選手として出場しています。夏季と冬季合わせて6大会に出場し、両方の大会で金メダルをとった選手です。

アメリカのタチアナ・マクファーデン選手も、2012年のロンドンパラリンピックでは陸上競技で金メダル、2014年のソチパラリンピック（第11回冬季大会）ではクロスカントリースキーで銀メダルを獲得しています。

▲2004年のアテネパラリンピックにて、5000メートルで金メダルを獲得した土田和歌子選手（写真先頭）。

▶2014年のソチパラリンピックでクロスカントリースキーに出場したタチアナ・マクファーデン選手。

日本の最年長・最年少選手

日本のパラリンピック出場選手の最年少は、2004年のアテネパラリンピックに13歳で出場した、水泳の山田拓朗選手です。北京パラリンピック、ロンドンパラリンピックにも続けて出場しています。ほかにも10代で代表になる選手も多く、ロンドンパラリンピックで金メダルをとった女子ゴールボールチームには17歳の若杉遥選手が、ソチパラリンピックにも16～18歳の3人の女子選手が出場しています。

いっぽう最年長は、2010年のバンクーバーパラリンピックに出場した、車いすカーリングの比田井隆選手です。69歳でカーリングをはじめ、75歳でパラリンピックに出場しています。2012年のロンドンパラリンピックには、陸上競技の大井利江選手、卓球の別所キミヱ選手が64歳で出場しました。

▼75歳でバンクーバーパラリンピックに出場した比田井隆選手。

夏季パラリンピックでの日本人選手の活躍

　日本人選手がはじめてメダルを手にしたのは1964年の東京パラリンピック（第2回夏季大会）で、卓球男子ダブルスで金メダルを獲得しました。メダル数が多く、ランキングが高かったのは、37個のメダルを獲得した1996年のアトランタパラリンピック（第10回夏季大会）と、52個のメダルを獲得した2004年のアテネパラリンピック（第12回夏季大会）で、どちらもメダルランキング10位でした。

　アテネパラリンピックのあとは、2008年の北京パラリンピック（第13回夏季大会）が17位、2012年のロンドンパラリンピック（第14回夏季大会）が24位と、ランキングが下がってきています。これはパラリンピックに力を入れる国が増え、競技全体のレベルが上がってきているためといわれています。

▼2012年のロンドンパラリンピックにて、団体競技としては初の金メダルを獲得した女子ゴールボールチーム。

▶アトランタパラリンピックから北京パラリンピックまで、4大会連続で出場し、合計15個の金メダルを獲得した、水泳の成田真由美選手。

冬季パラリンピックでの日本人選手の活躍

　日本人選手が冬季パラリンピックではじめてメダルを獲得したのは、1988年のインスブルックパラリンピック（第4回冬季大会）で、銅メダル2個という結果でした。日本で開催された長野パラリンピック（第7回冬季大会）では、41個のメダルを獲得、メダルランキングも4位と急上昇しました。その後も2006年のトリノパラリンピック（第9回冬季大会）から3大会連続で、ランキング10位以内に入っています。

▼リレハンメルパラリンピックからバンクーバーパラリンピックまで、5大会連続で出場し、合計10個のメダルを獲得した、アルペンスキーの大日方邦子選手（写真左）。

●夏季パラリンピックの日本の獲得メダル数

回数	年	開催地	参加人数（選手）	金	銀	銅	メダルランキング
第1回	1960年	ローマ（イタリア）	不参加				
第2回	1964年	東京（日本）	53名	1	5	4	13位
第3回	1968年	テルアビブ（イスラエル）	37名	2	2	8	16位
第4回	1972年	ハイデルベルグ（旧西ドイツ）	25名	4	5	3	15位
第5回	1976年	トロント（カナダ）	37名	10	6	3	15位
第6回	1980年	アーネム（オランダ）	37名	9	10	7	16位
第7回	1984年	ニューヨーク（アメリカ）	17名	3	2	5	22位
		エイルズベリー（イギリス）	35名	6	5	3	
第8回	1988年	ソウル（大韓民国）	141名	17	12	17	14位
第9回	1992年	バルセロナ（スペイン）	75名	8	7	15	16位
第10回	1996年	アトランタ（アメリカ）	81名	14	10	13	10位
第11回	2000年	シドニー（オーストラリア）	151名	13	17	11	12位
第12回	2004年	アテネ（ギリシャ）	163名	17	15	20	10位
第13回	2008年	北京（中華人民共和国）	162名	5	14	8	17位
第14回	2012年	ロンドン（イギリス）	135名	5	5	6	24位

●冬季パラリンピックの日本の獲得メダル数

回数	年	開催地	参加人数（選手）	金	銀	銅	メダルランキング
第1回	1976年	エンシェルツヴィーク（スウェーデン）	不参加				
第2回	1980年	ヤイロ（ノルウェー）	5名	0	0	0	—
第3回	1984年	インスブルック（オーストリア）	12名	0	0	0	—
第4回	1988年	インスブルック（オーストリア）	14名	0	0	2	14位
第5回	1992年	ティーニュ・アルベールビル（フランス）	15名	0	0	2	19位
第6回	1994年	リレハンメル（ノルウェー）	27名	0	3	3	18位
第7回	1998年	長野（日本）	70名	12	16	13	4位
第8回	2002年	ソルトレークシティ（アメリカ）	36名	0	0	3	22位
第9回	2006年	トリノ（イタリア）	40名	2	5	2	8位
第10回	2010年	バンクーバー（カナダ）	41名	3	3	5	8位
第11回	2014年	ソチ（ロシア）	20名	3	1	2	7位

もっと知りたい！

パラリンピックのメダルには点字が入っている？

オリンピックやパラリンピックのメダルには、特に決まったデザインはありません。開催国がくふうをこらし、国の文化や歴史が伝わるようなメダルにしあげます。

以前は、「少なくとも直径60ミリメートル、厚さ3ミリメートル」「1位および2位のメダルは銀製」「1位のメダルには少なくとも6グラムの純金で金ばり（またはメッキ）をほどこす」といった基本的な決まりがありましたが、現在は、素材や大きさをふくめたデザインを事前に書面で提出し、認めてもらう形式となっています。

同じ年に、同じ都市でオリンピックとパラリンピックを開くようになってからは、メダルの素材や大きさはオリンピックと同じで、デザインがことなるつくりが多くなっています。パラリンピックのメダルには、点字が刻まれているなどの特色があります。

▲金メダルを獲得した日本女子ゴールボールチーム。

2012年 ロンドンパラリンピック
（第14回夏季大会）

直径8.5センチメートル、厚さ7ミリメートル、重さは375〜400グラム。ギリシャ神話に登場する勝利の女神「ニケ」の背中の羽がデザインされている（オリンピックのメダルにはニケの全身像が使われている）。メダルの裏面、ふちの部分には点字で「ロンドン2012パラリンピックゲームズ」と記され、側面に競技名が入っている。

2008年 北京パラリンピック
（第13回夏季大会）

北京パラリンピックでは、金属以外の素材がはじめて使われた。金・銀・銅メダルに、中国伝統の宝石「玉」を使用。「たがいに尊重しあう」ことをあらわすため、表面はオリンピックのメダルと同じ素材が使われ、よくにたデザインになっている。裏面には点字が刻まれている。

◀車いすテニス・男子シングルスで金メダルを獲得した国枝慎吾選手。

金 表

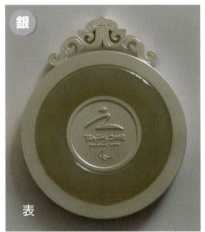
銀 表

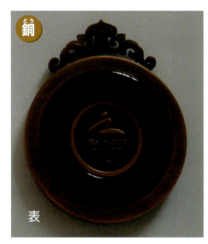
銅 表

2014年 ソチパラリンピック
（第11回冬季大会）

ロシアの伝統柄がほどこされたデザインとなっている。直径10センチメートル、厚さ1センチメートル。重さはこれまでで一番重たい686グラム。メダルの表面には大きくパラリンピックのシンボルマークが、裏面には点字で大会の名前が刻まれている。

金　表　裏

◀アルペンスキーの2種目で金メダルを獲得した狩野亮選手。

Paralympic Games

パラリンピックに出場するには

ポイント！ パラリンピックに出場できるのは、厳しい条件をクリアしたトップクラスの選手たちです。パラリンピックに出場するためには、国内の大会や海外遠征などで経験を積む必要があります。

スポーツと出会うきっかけを増やす

障がいのある人たちがスポーツをはじめる、ひとつのきっかけになっているのが、全国にある障がい者スポーツセンターです。障がい者スポーツのための施設があり、はじめて障がい者スポーツにふれる人から、選手として練習に打ちこむ人まで、さまざまなかたちでスポーツをするためのスポーツ教室やイベントなどがおこなわれています。日本障がい者スポーツ協会では、パラリンピックで活躍できる選手を発掘するために、競技を体験したり出場選手の話を聞いたりできる「目指せパラリンピック！可能性にチャレンジ」というイベントも開いています。

選手を育てる・強化する

パラリンピックスポーツにはそれぞれ競技団体があり、競技会を開いたり、参加する選手のクラス分けを決めたり、選手や指導者を育てたりする活動をしています。選手として公式の試合に出場するには、「日本パラ陸上競技連盟」など、それぞれの競技団体に入ることになります。団体競技では、競技団体に登録しているチームに入ります。例えば、「日本車椅子バスケットボール連盟」には、全国で80チーム（うち女子7チーム）が登録されています。

▼2014年に開かれた「第42回日本車椅子バスケットボール選手権大会」。予選を勝ち抜いた16チームが出場した。

▲2014年1月におこなわれた「2014ジャパンパラアルペンスキー競技大会」のようす。

▶2010年、中国の広州で開かれた「アジアパラ競技大会」の陸上競技。国際大会で上位に入り、ポイントを獲得することで、パラリンピックへの道が開ける競技もある。

国内・海外で経験を積み、技術をみがく

国内の大会にも、地域でおこなわれるものから全国大会まで、さまざまな試合があります。例えば、「ジャパンパラ競技大会」は国内トップといわれる全国レベルの大会です。陸上競技、水泳、スキーなどの競技がおこなわれ、この大会での記録が、国際パラリンピック委員会の公認記録となることもあります。こうした大会に出場してよい結果を出したり、団体競技の全国大会で活躍した選手たちは、日本代表として、世界の舞台に立つことができます。

アジアでおこなわれる大きな国際大会に「アジアパラ競技大会」があります。4年に一度、パラリンピックのあいだの年に開かれる大会です。個人の競技のなかには、こうした大会で上位に入り、世界ランキングの順位を上げることで、パラリンピックの出場権を得られる競技もあります。団体競技では、アジアパラ競技大会やそれぞれの競技のアジア選手権などが、パラリンピックへの予選の役割をしている場合もあります。

また、若い世代のための国際大会もあります。「アジアユースパラ競技大会」は、10代から20代前半の選手が、陸上競技、水泳、卓球などで競い合う大会です。

パラリンピック出場を目指す選手たちは、厳しい練習を重ね、さまざまな試合や大会を経験して、レベルアップしていきます。また、それぞれの競技団体や日本パラリンピック委員会などが、国内大会の開催、国際大会への出場手配などをおこない、選手をサポートしています。

▼2012年のロンドンパラリンピック（第14回夏季大会）の予選にもなっていた「第4回IBSAブラインドサッカーアジア選手権大会」（2011年開催）。2位までのチームがパラリンピックに出場できた。日本代表は3位となり、おしくも出場を逃した。

パラリンピックを支える人びと

ポイント！ パラリンピックスポーツには、選手だけでなく、選手を支えるさまざまなスタッフがかかわっています。また、現地では多くのボランティアスタッフが活躍しています。

パラリンピックに参加する「選手団」

パラリンピックに出場する国は、「選手団」をつくって参加します。選手団に加わるのは、選手だけではありません。例えば、2012年のロンドンパラリンピック（第14回夏季大会）では、日本から255名が参加していますが、このうち選手は134名、残り121名は選手を支えるスタッフたちでした。選手以外には、監督やコーチなど競技にかかわる人、事務的な手続きや健康管理など、競技以外の部分でサポートする人がいます。

パラリンピックを支えるスタッフ

監督・コーチ
戦術を考え指導したり、選手が最大限に力を出せるようにアドバイスしたりする。

心理サポート
選手が気持ちよく、思い切り力を出せるように、精神面の調子を整える手助けをする。

栄養サポート
選手の食事の管理をする。選手の体調などに合わせて、よりよい食事ができるように気を配る。

トレーナー
マッサージなどで選手の体のつかれをとったり、体の調子を整えたりして、選手がよい状態で試合にのぞめるように支える。

ガイドランナー・パイロットなど
陸上のガイドランナー、自転車のパイロット、スキーのガイドなど、視覚障がいの選手といっしょに競技に出場しサポートする。ボッチャ（17ページ参照）には、選手の指示でランプの位置を調整する競技アシスタントもいる。

メカニック
選手の体の一部でもある競技用の車いすやスキー、義足などの調整をしたり、壊れたときに修理したりする。

総務
競技以外の部分で、選手が快適にすごせるように、事務的な手続き、宿泊や移動の手配などをする。競技の記録をとり結果を日本へ連絡したり、新聞やテレビの取材、記者会見の準備など、パラリンピックを世界に広める広報活動などもおこなう。

医師・看護師
選手の健康状態をチェックしたり、けがや病気の治療をする。

通訳
選手やコーチが開催国のスタッフなどと話すときに、外国語の通訳をする。

パラリンピックを支えるボランティア

各国の選手団以外にも、多くのボランティアスタッフがパラリンピックを支えています。開催国の人たちが中心ですが、そのほかの国から、ボランティアに集まってくる人たちもいます。

ロンドンパラリンピック（第14回夏季大会）で「ゲームメーカー（ゲームをつくる人）」と呼ばれたボランティアスタッフの仕事には、いろいろな種類があります。医療や通訳、大会関係者が移動するときの運転手、選手村での選手のサポート、試合会場での競技のサポート、安全管理や記録のサポートなど、選手や試合に直接かかわるもののほか、チケットの確認、会場までの道案内といった、試合の観戦に来る人たちをサポートする仕事もあります。

ボランティアスタッフは、パラリンピックに参加する人、観戦する人が、身近にふれあう存在です。彼らが「ゲームメーカー」と呼ばれるのは、大会の進行を手伝い、世界中からやってくる選手や観客をもてなし、サポートすることで、パラリンピックという大会（ゲーム）をつくりあげているからです。

▲会場周辺で道案内をするボランティアスタッフ。

▲選手村で世界各国の選手団をサポートするのもボランティアの役目。

2020年 東京で「ゲームメーカー」に！

2020年には、東京でパラリンピックが開かれます。オリンピック・パラリンピック合わせて約8万人のボランティアスタッフが必要になると考えられています。専門的な知識や技術などが必要な役割もありますが、近くの駅や空港から会場への道案内など、だれでも参加しやすい仕事もあります。

ボランティアの募集は、2016年ごろからはじまる予定です。仕事の種類ごとに分けて募集し、研修や国際大会でのトレーニングをおこなって2020年をむかえることになります。みなさんにも、ボランティアの「ゲームメーカー」として東京オリンピックに参加できるチャンスがあります。

もっと知りたい！ 選手村ってどんなところ？

パラリンピックに出場する選手やスタッフなどが生活する場所を「選手村」といいます。

選手村は競技会場の周辺に建設され、選手たちは大会期間中、選手村と競技会場のあいだを往復しながらすごします。

選手村に入るときには入村式がおこなわれ、現地のスタッフが出むかえてくれます。ソチパラリンピック（第11回冬季大会）のときには、現地の子どもたちが歌やおどりで、日本代表選手団を応援してくれました。

選手村には、食堂やトレーニングルーム、ゲームセンター、銀行、郵便局など、現地での生活を支えるさまざまな施設や店がそろっています。

トレーニングルーム
トレーニングルームには最新のマシンが用意され、トレーニングのアドバイスをしてくるトレーナーもいる。

居住棟
選手やスタッフが大会中に生活する施設。居住棟には各国の国旗が飾られる。

ゲームセンター
気分転換の場でもあるゲームセンター。最新機種のゲームも無料で体験できる。

食堂
さまざまな食文化や宗教に対応できるよう、バイキング形式で世界各国の食事を提供している。それぞれの食事には、栄養素やカロリーなどが表示されたプレートがついている。また、専門の知識を持った栄養士がいて、選手の食事の相談も受けつけている。

バス・トイレ
障がいのある選手が不自由なくすごせるよう、手すりやすべり止め用のマットなどが備えつけられている。

移動
選手村の敷地は広大なため、移動は徒歩のほかに、自動車やバスなどを利用することができる。

パラリンピックが目指す社会

✳ すべての人がスポーツを

「障がいのある人がスポーツをする」ということが、特別に思われたり、大変だったりする時代がありました。用具や施設もなく、高いレベルを目指して練習に打ちこむ環境もありませんでした。しかし今では、多くの障がいのある人たちが、さまざまなレベルで、スポーツを楽しみ、練習にはげんでいます。

障がいがあっても、なくても、私たちはひとりひとりちがいます。背の高さも、体重も、走る速さも、得意な運動も……。競技によっては、背が高い選手が有利なこともあるでしょう。でも、そのとき、背の低い選手は、背の高い選手に負けない技術や自分だけの得意技を生み出すかもしれません。障がいのある人たちには、「できないこと」もありますが、そのなかでスポーツを楽しみ、チャレンジしていくことは、決して特別なことではありません。

✳ 競技スポーツとしてのパラリンピック

パラリンピックは、世界最高峰の競技大会のひとつです。競技の魅力も、選手の技術やたたかう姿も、オリンピックと変わりありません。むしろ、限られた条件のなかで、さらに高いレベルへとチャレンジする、もっとも厳しく、感動的な大会かもしれません。

パラリンピックに出場するのは障がいのある選手です。そのため、用具やルール、クラス分けなどの特徴があります。「障がいがある」という条件やそのための特徴にばかり目がいって

しまうかもしれませんが、パラリンピックは、競技能力で競い合う場です。

より速く走る、泳ぐ、すべる、戦術を考えチームの力を高めて、対戦相手に勝つ……といった、私たちがスポーツを観戦するときに期待するさまざまな魅力は、すべてパラリンピックスポーツのなかにあります。

★ スポーツに打ちこめる環境づくり

プロの野球選手やサッカー選手がいるように、プロの車いすテニス選手や陸上選手もいま

す。障がいがあってもなくても、世界の舞台で競い合って結果を残し、その姿を見に多くの観客が集まり、声援をおくられる選手には、スポーツに打ちこめる環境が整えられてよいはずです。

日本には世界トップクラスのパラリンピックスポーツの選手たちがいますが、サポートする環境はまだ十分とはいえません。競技に参加する人が増え、選手が強くなるだけでなく、それを応援し、スポーツとして楽しむ人が増えることで、選手がより練習に打ちこみ、さらに強くなっていく環境が整えられていくことでしょう。

さくいん

『まるわかり！パラリンピック パラリンピックってなんだろう？』に出てくる、おもな用語をまとめました。見開きの左右両方に出てくる用語は、左のページ数のみ記載しています。

●大会名さくいん

あ

アーネムパラリンピック
（1980年／第6回夏季大会）……………… 28, 35
アジアパラ競技大会……………………………… 39
アジアユース競技大会…………………………… 39
アテネパラリンピック
（2004年／第12回夏季大会）……………… 28, 35
アトランタパラリンピック
（1996年／第10回夏季大会）……………… 28, 35
インスブルックパラリンピック
（1984年／第3回冬季大会）……………… 30, 35
インスブルックパラリンピック
（1988年／第4回冬季大会）……………… 30, 35
エンシェルツヴィークパラリンピック
（1976年／第1回冬季大会）……………… 30, 35
大分国際車いすマラソン大会…………………… 9

か・さ

国際ストーク・マンデビル大会………………… 9
シドニーパラリンピック
（2000年／第11回夏季大会）……………… 28, 35
ジャパンパラ競技大会…………………………… 39
ソウルパラリンピック
（1988年／第8回夏季大会）…………… 10, 28, 35
ソチパラリンピック
（2014年／第11回冬季大会）……… 25, 30, 35, 37
ソルトレークシティパラリンピック
（2002年／第8回冬季大会）……………… 30, 35

た・な

ティーニュ・アルベールビルパラリンピック
（1992年／第5回冬季大会）……………… 30, 35
テルアビブパラリンピック
（1968年／第3回夏季大会）……………… 28, 35
東京パラリンピック
（1964年／第2回夏季大会）……………… 28, 35
東京パラリンピック
（2020年／第16回夏季大会）……………… 28, 41
トリノパラリンピック
（2006年／第9回冬季大会）……………… 30, 35
トロントパラリンピック
（1976年／第5回夏季大会）……………… 28, 35
長野パラリンピック
（1998年／第7回冬季大会）………… 26, 30, 35
ニューヨーク・エイルズベリーパラリンピック
（1984年／第7回夏季大会）……………… 28, 35

は

ハイデルベルグパラリンピック
（1972年／第4回夏季大会）……………… 28, 35
バルセロナパラリンピック
（1992年／第9回夏季大会）……………… 28, 35
バンクーバーパラリンピック
（2010年／第10回冬季大会）……………… 30, 35
平昌パラリンピック
（2018年／第12回冬季大会）……………… 30
北京パラリンピック
（2008年／第13回夏季大会）………… 28, 35, 36

や・ら

ヤイロパラリンピック
（1980年／第2回冬季大会）……………… 30, 35
リオパラリンピック
（2016年／第15回夏季大会）……………… 25, 28
リレハンメルパラリンピック
（1994年／第6回冬季大会）……………… 30, 35
ローマパラリンピック
（1960年／第1回夏季大会）……………… 28, 35
ロンドンパラリンピック
（2012年／第14回夏季大会）… 26, 28, 35, 36, 41

●項目さくいん

あ

アーチェリー	8, 16
アイススレッジホッケー	24
アルペンスキー	23
ウィルチェアーラグビー	13, 22
エスター・バーガー	32
大井利江	33
大日方邦子	34

か

開会式	26
ガイド	12
カヌー	25
河合純一	32
義手	13
義足	13
競技用車いす	13
クラス	14
車いすカーリング	24
車いすテニス	13, 22
車椅子バスケットボール	13, 21
車いすフェンシング	22
クロスカントリースキー	23
計算タイム制	14
ゲームメーカー	41
ゲルト・シェーンフェルダー	32
コーラー	12
ゴールボール	15, 18
国際オリンピック委員会（IOC）	10
国際パラリンピック委員会（IPC）	11, 30

さ

視覚障がい者5人制サッカー	18
シッティングバレーボール	21
自転車	17
射撃	20
柔道	19
水泳	13, 20
ストーク・マンデビル病院	8
スノーボードクロス	25
スリー・アギトス	7
聖火	26
セーリング	20
選手団	40
選手村	42

た・な

タチアナ・マクファーデン	33
卓球	21
タッピング	13
土田和歌子	33
中村裕	9
ナタリア・パルティカ	32
成田真由美	34
脳性まひ者7人制サッカー	18

は

バイアスロン	23
馬術	17
パラトライアスロン	25
パワーリフティング	19
比田井隆	33
標準記録	7
閉会式	27
別所キミヱ	33
ポイント制度	15
ボッチャ	13, 17

ま・や・ら・わ

メダル	35, 36
山田拓朗	33
ランプ	13
陸上競技	13, 14, 16
ルードウィッヒ・グットマン	8
ローイング	19
若杉遥	33

- **監修**

  公益財団法人 日本障がい者スポーツ協会

  パラリンピック東京大会を契機に、国内の身体障がい者スポーツの普及、振興をはかる統括組織として「財団法人日本身体障害者スポーツ協会」の名称で、昭和40年に設立。平成11年、三障がいすべてのスポーツ振興を統括し、選手の育成、強化をになう統括組織として「財団法人日本障害者スポーツ協会」に組織名を改称するとともに、協会内部に日本パラリンピック委員会を創設。平成23年に内閣府認定のもと公益財団法人として設立登記。名称を「公益財団法人日本障がい者スポーツ協会」に改称する。

- **装丁・デザイン** 鷹觜麻衣子
- **DTP** スタジオ ポルト
- **イラスト** 高山千草
- **執筆協力** 酒井かおる
- **編集制作** 株式会社童夢

- **写真提供**
  有限会社エックスワン
  公益財団法人日本障がい者スポーツ協会
  社会福祉法人太陽の家

- **協力**
  日本パラリンピック委員会加盟競技団体

まるわかり！パラリンピック ●全5巻●

パラリンピックってなんだろう?

スピード勝負！ 夏の競技①
車椅子バスケットボール・水泳 ほか

チームでたたかう！ 夏の競技②
サッカー・ゴールボール ほか

限界をこえる！ 夏の競技③
陸上競技・ボッチャ ほか

雪・氷のうえで競う！ 冬の競技
アルペンスキー・アイススレッジホッケー ほか

全巻セット定価：本体14,000円（税別）
ISBN978-4-580-88479-3

まるわかり！ パラリンピック
パラリンピックってなんだろう？

NDC780　48P　28.6 × 21.7cm

2014年10月25日　第1刷発行
2022年 4 月30日　第7刷発行

- ●監修　　公益財団法人　日本障がい者スポーツ協会
- ●発行者　佐藤諭史
- ●発行所　文研出版
  〒113-0023　東京都文京区向丘2丁目3番10号　児童書お問い合わせ (03)3814-5187
  〒543-0052　大阪市天王寺区大道4丁目3番25号　代表 (06)6779-1531
  https://www.shinko-keirin.co.jp/
- ●印刷／製本　株式会社太洋社

© 2014 BUNKEN SHUPPAN Printed in Japan　ISBN978-4-580-82249-8 C8375
本書のコピー、スキャン、デジタル化等の無断複製は著作権法上での例外を除き禁じられています。本書を代行業者等の第三者に依頼してスキャンやデジタル化することは、たとえ個人や家庭内の利用であっても著作権法上認められておりません。
乱丁・落丁本はお取り替えいたします。